Weit weg weg verschwimmen entfernte Lichter

Teil 2

von Gerd Steinkoenig

"Ich habe in mir selbst nie klar gesehen, was ich zu Ende bringen soll. Aber ich bin immer instinktiv einem unsichtbaren Stern gefolgt".

Albert Camus, Carnets II (1942-1951).

NOTIZEN gekritzelt bei Samsung-Notes... Dazu richtig hier... zB Pink Floyd Germersheim...

Pink Floyd in Germersheim (Südpfalz) in einem English Rock-Festival, Anfang der 1970er (ich glaub 1971). Bei Youtube war tatsächlich eine Tonaufnahme des PF-Konzerts. Casettenrecorder? Tonband? Breit uff gut pälzisch hänn die gebabbelt vom Publikum. Damals war PF-Underground, nix mit Mainstream. Heute total unmöglich, aber ca 1971 war es eine Gemeinschaft zwischen Musikern und Fans: langhaarig, kiffend, wir sind eins... Wahrscheinlich durch die linke Ideologie, gegen die Original-Nazis (Dritte Reich, 1971 mit CDU-Politikern...), die Konsum-Kritik von TSS (Macht kaputt was euch kaputt macht) etc. Aufeinmal war die Lightshow von Pink Floyd und die Pälzer Babbler meinten enttäuschend: Ihr Aaagebber (Angeber)... Denn wir sind doch langhaarige Kiffer und aufeinmal unnötig Geld mit komischen Lichtern... Im Endeffekt wars schon immer mit PF-Licht, schon in den 60ern. Aber damals war von der Musik nur Bravo, GB war weit entfernt. Heute haste Instagram, facebook und kannst mit David Gilmour (PF) schreiben... Für mich selbst war diese Kiff/Links-Ideologie auch da in KL 1976 oder 1978 (die legendären Studentenkneipen Smile, Thing, Pille).

In den letzten Tagen hatte ich Wahlplakate-Dokufotos wegen der historischen BTW am 23.02.25. Ich war in der Fußgängerzone LD, Ostbahnstraße LD. Was bisher nicht da war mit den Plakaten: AfD, BSW!

Hatte vor Kurzem ein Classic Rock-Heft über Paul McCartney erworben. Wirklich sehr gut! Und ich dachte an 1973 oder 1974 über ein Heft über die Beatles. Ich hatte es total verschlungen. Für mich war es neu, ich kannte nur die Bravo. Diese Infos, Fotos, Daten! Mit voller Neugierde! Paralell hatte ich vom Casettenrecorder vom Radio die Beatles-Songs aufgenommen... Ansonsten in dieser Zeit natürlich Schlager bis Sweet. Ist immer noch dokumentiert über mein Kalendertagebuch 1973: wie oft hatte ich aufgenommen von Daliah Lavi oder Bernd Clüver oder T. Rex...

Im Hinterkopf wollte ich immer veröffentlichen! Warum? Bevor ich Schlaganfall oder Demenz habe... Mittlerweile bin ich anders drauf, denn ich hab immer wieder meine Weiterentwicklungen, positive Energien, mittlerweile sollen wirklich mein letztes Buch sein - oder vielleicht 1 x im Jahr veröffentlichen Weihnachten/ Neujahr...

Foto: der Autor (BamS 19. Januar 2025, Titelbild)

Gerd Steinkoenig Gerd Stein (19.01.25)

Noman Kabiraj

Admin

· 15. Januar um 17:07 ·

Banksy Art Fans. ☐♡

#banksy #banksyart #banksyartwork #banksymuseum

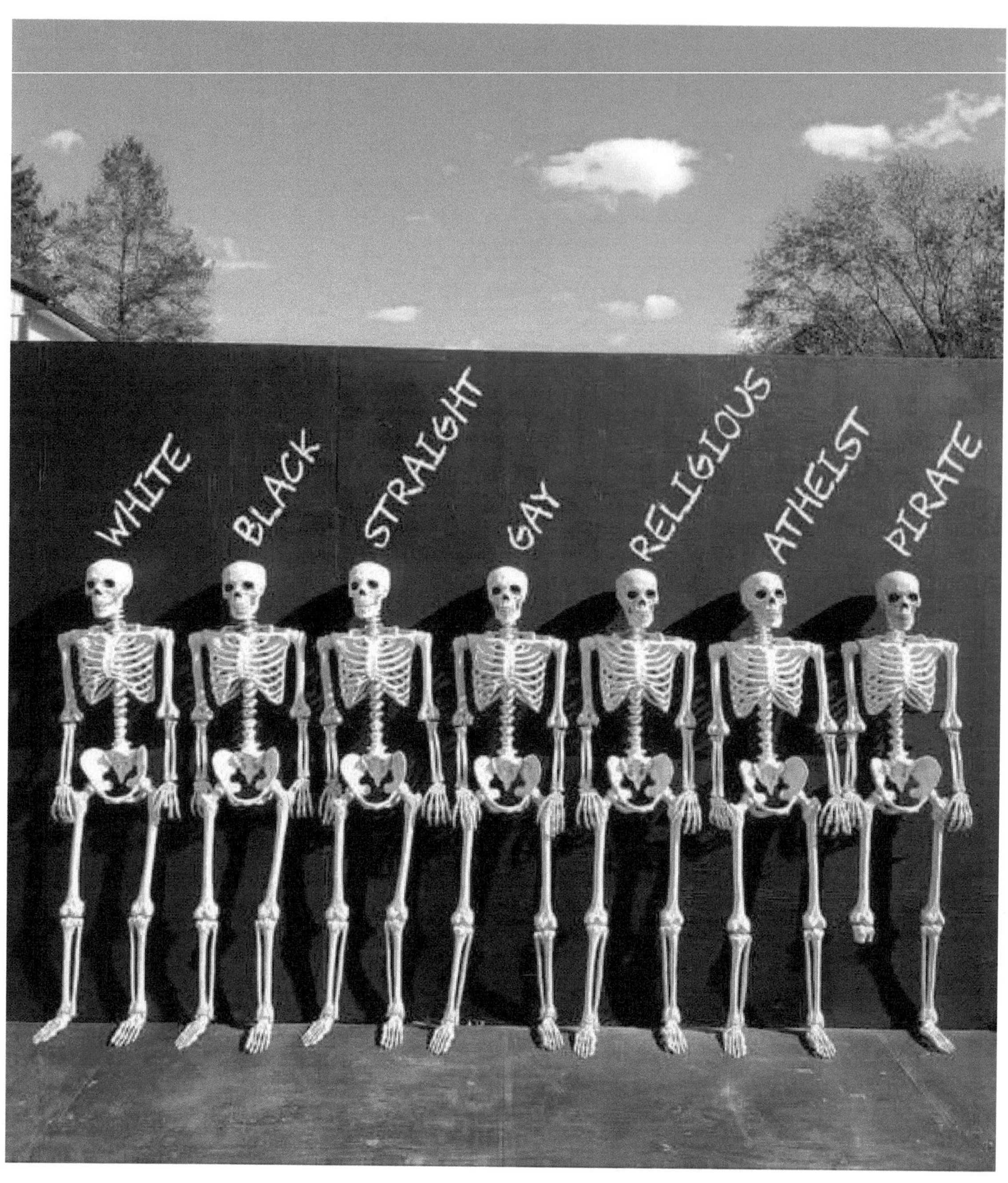

Aus BamS 19.01.25: der Schauspieler Jamie Foxx hatte Schlaganfall, sogar im Koma (2023). Er hats wahrscheinlich gecheckt durch seine Familie! Dummerweise hab ich keine ständige Familie oder eine Freundin... Ich hab meinen starken, klaren, freien, reinen Geist! Daher hab ich meine positiven Energien. Vielleicht ginge mir tatsächlich besser mit einem normalen, positiven Mitmenschen. Ich hab meine Menschen mit Betreuer:innen, "Institut" etc, aber wenn zB Blues ist, kann es sein, daß kein Mensch da ist. Wenn Trost wäre mit einer Freundin wäre besser...

... als seine Liebsten ... zu haben. Er hat beim Interview seine Teenie-Tochter Anelise (16) dabei, die allerdings etwas peinlich berührt von ihrem Vater ist.

Cameron Diaz lacht: „Jamie sagt oft: Unseren Kindern ist es egal, wie cool wir für die Welt sind.'" Jamie Foxx fügt hinzu: „Für meine Tochter bin ich halt nur Papa. Und manchmal denkt sie, dass ich zu viel herum spaße und ein bisschen unangenehm bin."

Anelise nickt zustimmend, muss aber lächeln, als ihr Vater ihr einen Luftkuss zuwirft. Ein bisschen cool und lustig findet sie ihn dann wohl doch.

Was seine Kinder angeht, kennt ... wissen ... vor sich geht." **Familie und Freundschaft sind nun, nach über 30 Jahren im Filmgeschäft, die wichtigsten Themen im Leben dieser sympathischen Hollywood-Stars. Als Jamie Foxx 2023 im April 20 Tage lang im Koma lag, waren es Anelise und seine ältere Tochter Corinne (30), die ihm nicht von der Seite wichen.** Nach seiner langen Genesungsphase und dem Comeback hat sich einiges für Foxx geändert.

„Ich koste das Leben jetzt ganz anders aus", so Foxx zu BILD. „Es ist ein neuer Lebensabschnitt. Wenn die Dinge aus den Fugen geraten, braucht man Menschen in seinem Leben, die sagen: ,Wir wollen dich wieder dahin bringen, wo du warst.' Bei mir ist es einfach so, dass ich jeden Tag so lebe, als wäre es der letzte, aber ich lebe auch bewusster."

Und auch Cameron Diaz sind trotz ihres Hollywood-Comebacks heute andere Dinge wichtiger, als einen Film nach dem anderen zu drehen.

„Ich denke, dass jetzt einfach alles durch den Filter geht, ob es für mich funktioniert oder nicht. Ob es das Richtige für meine Familie ist oder nicht."

DAVOR UND DANACH

Mit meinen Mantras hatte/habe ich es u.a. Davor&Danach gedacht

Anscheinend hatte ich in dieser Ausführlichkeit vergessen

in meinen 73 Büchern - vielleicht doch irgendwo....

Lieber doppelt als nix, also: für mich ist davor "Dreck"

Durch mein Wiedererinnern durch eine 2019er-Erinnerung

(ist in diesem Buch) hatte ich gemerkt, wie ich 2019 dachte

über meine Reinheit seit meinem Schlaganfall September 2017

Und schrieb kein Alkohol (ohne Rauch), dann aufeinmal "Dreck"

Ich bin offen bei jedem Interessierten von Betreuer:innen bis

"normalen" Menschen wie meine Bäckerei-Nachmittagsfrau etc

Also wieder mehr natürliche Offenheit ohne Angst

Davor hatte ich gewohnt Alkohol, Nikotin, z.T. Drogen

Davor konnte ich auch denken, leben, genießen, lachen, Kreativität

Davor konnte ich arbeiten in diversen Jobs und Hobbies

Davor hatte ich meine Schwierigkeiten mit Vater, Mutter

Davor hatte ich meine Karriere versaut wegen "Dreck"

Davor hatte ich mein Leben versaut wegen "Dreck"

Davor hatte ich womöglich Realitätsflucht wegen

Leben, Vater, gewisse Jobs, dadurch Alkohol, Nikotin, Drogen...

Kann sein, das es "nur" zu hohe Cholesterin-Spiegel war

Ich freue mich aber für mein Danach

Es sollte so sein, das ich 2015 nach Annweiler zog

Es sollte so sein für mein neues Leben ohne KL

Schon Davor ein bisschen mehr Selbstvertrauen

Es sollte so sein, das Gott es wollte

Danach hatte ich sofort meine konsequente Reinheit

Schon in den Kliniken war sofort meine positive Reinheit

Danach hab ich meine positiven Mantras mit z.B.

Selbstvertrauen, Selbstbewusstsein,, Selbstsicherheit, Souveränität

Kampf, Mut, Wille, Disziplin

Meine Reinheit, Gelassenheit, Gesundheit etc etc

Danach hab ich trotzdem mein Denken, genießen, lachen, leben

mit Kreativität, und noch mehr als Autor, Fotograf

Vielleicht schreibe ich diese Zeilen, weil ich noch nie

zu einem Psychotherapeuten war - wegen meiner Hirnstärke

Ein Special-Betreuer meinte relativ oft: mach es, ist gut

Aber irgendwie möchte ich es nicht

Andererseits bin ich ja ein Flipper: vielleicht doch wieder...

Die Leute von Davor kapieren nicht was Danach ist

Durch meine zweite Geburt hatte ich von Gott mein neues Leben

Meine Reinheit im zweiten Leben ist jungfräulich

(ok, die Soße in XMas 2017 - war verkocht)

Die Leute von Davor kennen nur die Davor-Synapsen

Und haben keine Ahnung von Danach

Danach kenne ich sehr gut für mein reines Leben

Die Davor-Leute: ist doch normal mit Feierabend-Bier

Entspannung, Party, "Deutsche Alkohhol Kultur"

Ich mit Danach habe ich selbstverständlich auch Party

Entspannung, Feierabend ohne Bier

Es ist herrlich mit reinen Synapsen, reinen Adern

Ich hab natürlich auch im Danach mit Blues, Zorn

Intrigen (z.B. "Institut"), Melancholie etc

Trotzdem selbstverständlich ohne Alkohol, ohne Rauch aller Art

Für meinen Überlebenskampf für meine Reinheit

Nie mehr Schlaganfall! Nie mehr Epilepsie! Ich will leben!

Für immer mit reinem Körper, Seele, Geist

Mit neuen Plänen und Ziele für mein positives, gesundes Leben

Foto: Zeitlang, der Autor

C P Gerd Steinkoenig Gerd Stein 18.01.2025,, 23:25h

Oh, kurz vorm Sportstudio...

1879 das Gemälde von Monet, seitdem sind 146 Jahre her - wie es so aussah vom 1879-
Gemälde, auch heute noch ist ab und zu Idylle, 1879 war kein Auto, kein Fernseher, kein
Smartphone, kein Facebook, keine Waschmaschine, kein Computer.... Jetzt frag ich mich:
war 1879 schon Radio? Telefon? Es sind nur 146 Jahre: Mein Großvater ging 1895 auf die
Erde, Vater 1935, ich 1959, mit Großvater's Vater waren nur 4 Generationen, seitdem waren
2 Weltkriege, Deutsches Kaiserreich, Weimarer Republik, Das Dritte Reich, Bonner Republik,
DDR, Berliner Republik! Das Foto unter der Decke mit "Rauch-Blitzlicht", die 32 Foto-Rolle
mit Entwickeln-Service, Polaroid, Digitalkamera, Handyfotos, Smartphone/Tablet-Fotos...
Von Dunkelkammer mit 2 Wochen Wartezeit bis 1 Sekunde-Fotoentwicklung vom Tablet...
Geschichte wiederholt sich durch Kriege und trotzdem sind menschliche Idyllen. Menschen
passen sich an: 1879 waren die Menschen anders als z.B. 1914, 1939, 1959, 1977, 1999,
2017, 2025... Human Nature... Samstagabend-Familienfest Am laufenden Band im ARD-TV
1975, 2025 ist Streamingeinzelfest mit vielen Einzelteilen - damit die Menschen "TV"-
technisch nicht zusammen sind (das sieht man im Zug, an Straßenecken, Cafe's etc mit den
Smartphones). Menschen passen sich an, egal ob 1879, 1929, 1949, 1979 oder 2024, 2025...
Menschen vergessen (eine Lyric im letzten Buch, sozusagen der erste Teil zu diesem Buch):
die Humans vergessen den Respekt, Gemeinschaft, Solidarität, Zeitgeist, Politik von 1879,
1919, 1969, 1989, 2009, 2025! C P Gerd Steinkoenig Gerd Stein 18. Januar 2025

Omar DjaknounArt

18. Januar um 12:59 ·

Claude Monet, Vetheuil, The Church in Winter, 1879

Schon wieder 1879... Cooles Jahr... Happy Monday, Ihr Lieben ☺

Jean Béraud

Marc GöhringVINYL AUSTRIA

Gestern um 12:33 ·

Wünsche Euch allen einen schönen Sonntag, jetzt höre ich mal in eine der Besten Live
Scheiben ever rein, besser geht nicht.

Pink Floyd – Pulse - 4 LP (Box Set)

(Pink Floyd Records – PFRLP17 / 2018 / Reissue, Remastered, 180 Gram)

https://youtube.com/playlist...

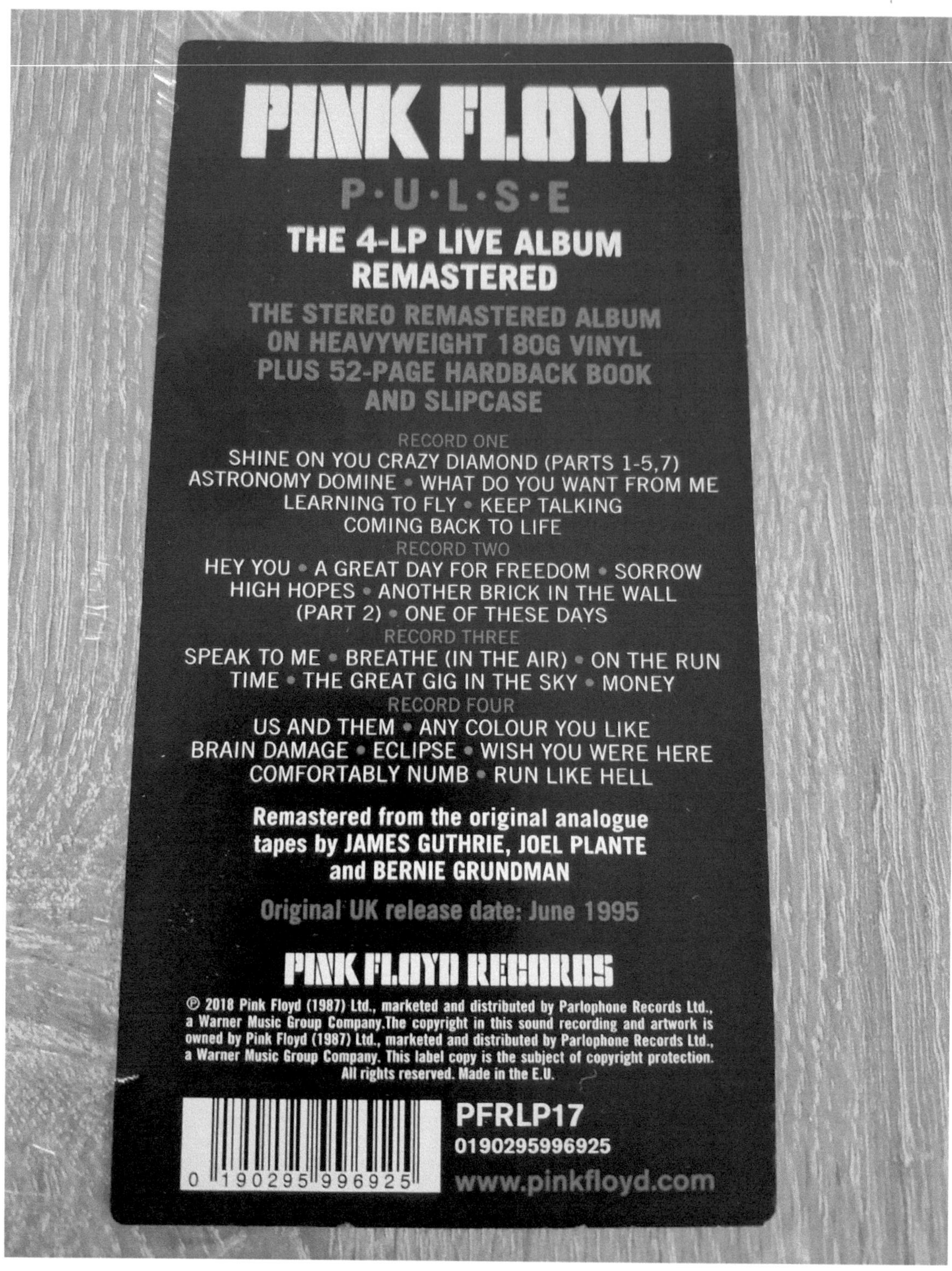

Peter Gabriel, Phil Collins, 1974 (Genesis-History!!)

Passend zu meiner AFTERGLOW-SONGLISTE aus dem 1. Teil des Buchs "Weit weg weg..."!

Genesis

16. Januar um 18:42 ·

An acoustic rendition of the Genesis classic, "Afterglow" by Phil Collins and Tony Banks, taken from the Genesis Songbook DVD - 2000.

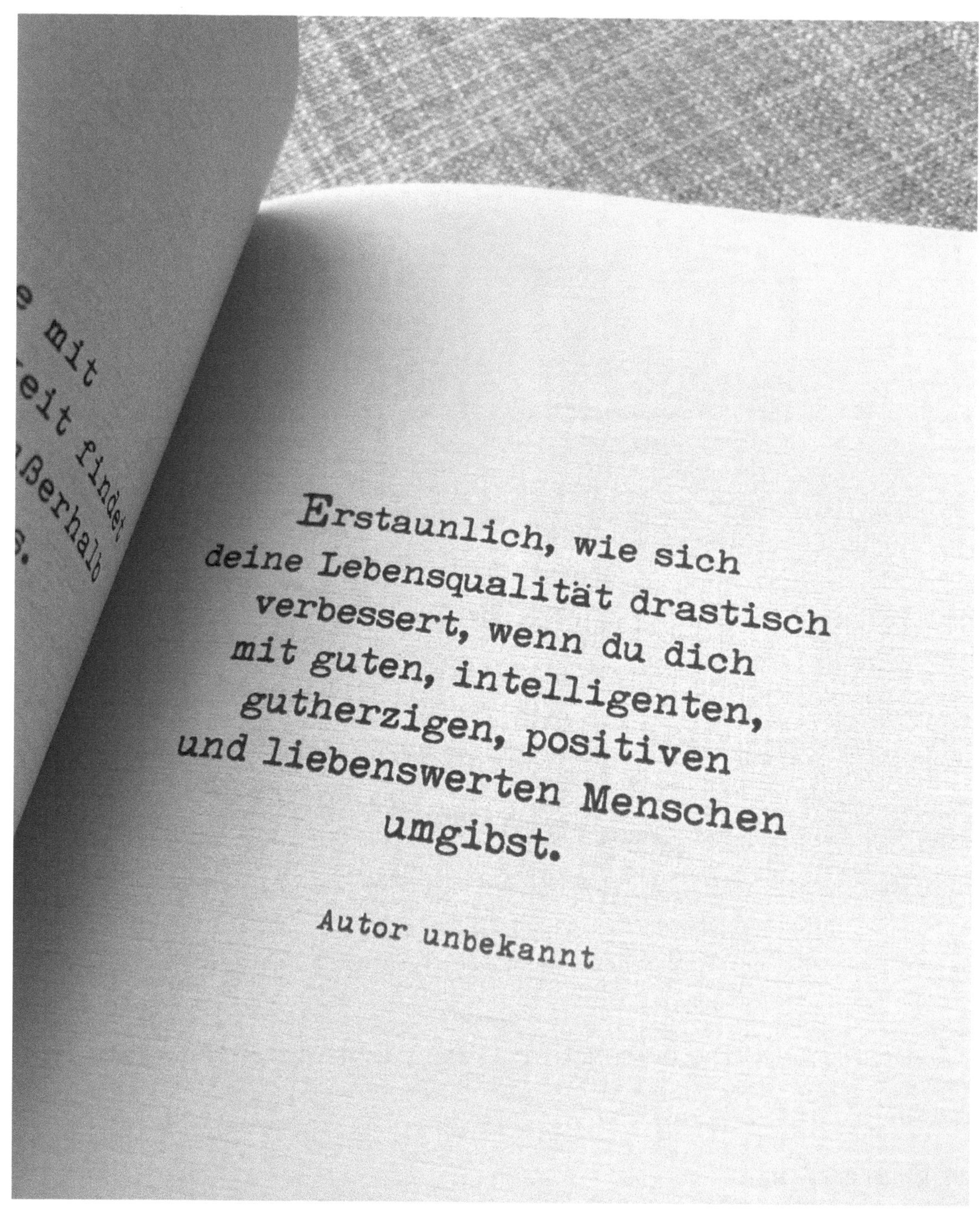

Moi Katzemäädsche Molly 2005-2021!! Ich hatte heute besondere Bestätigungen von BamS 19.01.25.... Durch die Gesten und Sprache der Katzen. Ich hatte alle positiven Merkmale und Botschaften von meiner Molly! Die "Besondere Geschenke" hatte ich natürlich vum Katzemäädsche eine Maus (und nicht ein Käfer, wieso steht...): Molly war im großen Revier und als ich sie zurück rief am Abend, miaute Molly und ich schaute zu ihr, sie saß ganz stolz und brav - neben ihr die erste Jagdtrophäe Maus... Sie war im ersten Lebensjahr und zuvor spielte mit der Maus... Auch bei den anderen Beispielen wie Knabbern, Blinzeln etc war bei uns auch! Durch unsere Liebe und Zuneigung! PS: anscheinend bin ich Doolittle - es gab weitere Sprachen zu anderen Tieren (zB die Ente mit 2 Babys: sie quakte zu mir, ich sprach und wartete, und ging wieder zu mir mit den 2 Babys damit alle 3 Futterchen hatten).

Ist meine Katze etwa egoistisch?

Oder verstehen wir nur ihre Sprache nicht?

Katzen haben ihren eigenen Kopf und kümmern sich nicht um ihre untergebenen Zweibeiner? Sie besitzen den Ruf echte Egoisten zu sein.

Laut Katzen-Experten sind sie das aber gar nicht! Sie zeigen ihren Besitzern ihre Zuneigung auf vielen Wegen. Kleines Manko: Nicht jede Liebesbotschaft einer Katze fühlt sich auch wie eine an. BILD erklärt, wie die Miezen ihre Liebe zeigen.

▶ **Besondere Geschenke:** Wenn die Katze stolz mit einem dicken, selbst gefangenen Käfer im Maul angetapst kommt, halten das viele Besitzer für eklig. Dabei steckt dahinter nicht weniger als ein Ausdruck ihrer Liebe!

▶ **Knabbern:** Die Samtpfoten sind perfekte Jäger. Aber was, wenn sie nur ganz vorsichtig an unseren Fingerspitzen knabbern? Es ist ein liebevolles Zeichen ihrer Zuneigung.

▶ **Stalking bis aufs Klo:** Wenn uns der Stubentiger verfolgt und jede Bewegung beobachtet, möchte er bei uns sein, uns beschützen und sucht unsere Aufmerksamkeit.

▶ **Blinzeln:** Katzen signalisieren so ihre Zuneigung. Damit zeigen sie, dass sie sich wohlfühlen und alles in Ordnung ist.

▶ **Schwanz in die Höhe:** Wenn unsere Mieze mit erhobenem Schwanz auf uns zugelaufen kommt und die Schwanzspitze leicht gekrümmt ist, zeigt das, wie glücklich sie ist, uns zu sehen. Ein echtes Stimmungs-Barometer!

▶ **Treten:** Kätzchen treten mit den Pfoten gegen Mamas Bauch, um den Milchfluss anzuregen. Das wiederholen sie beim Kuscheln mit uns, wenn sie sich geborgen fühlen. *mpt*

Tierische Egoisten? Von wegen! Laut einer Studie spiegeln Katzen nur das Verhalten von Menschen. Es könnte also auch etwas mit Ihnen zu tun haben

Als David Bowie starb, lief eine Woche Musik von ihm auf allen Stationen.

Ich bete seitdem jeden Morgen und Abend, dass Dieter Bohlen gesund bleibt!

Gerd Stein

18. Januar um 11:45 ·

R.I.P. David Lynch

Twin Peaks - Laura Palmer "Meanwhile" Scene

YOUTUBE.COM

Twin Peaks - Laura Palmer "Meanwhile" Scene

Ich wusste nicht, das es 2017 (ausgerechnet 2017...) eine 3. Staffel von Twin Peaks gab!!
Staffel 1 und 2 war ja 1990/1991. Intro ist anders, siehe unten! Hab schon gesehen bei
Amazon, das ALLE Episoden und Staffeln per DVD-Box dabei sind! Ich MUSS es bestellen!! Es
ist sehr schade, das Twin Peaks versaut wurde. Natürlich ist das meine beste Serie ever! Eine
Mischung aus Kriminal/Film Noir/Mystery/Horror. Aber der US-Sender ABC wollte, das der
Mörder von Laura Palmer überführt wird. Lynch & Frost mussten es dann machen in der 16.
Episode. Was war? Die Quote ging runter... Durch den Reiz, die Aura über TP von den
Zuschauern hätte es "ewig" sein sollen. Lynch/Frost wollten NIE einen Mörder, sie wollten
ein offenes Ende, aber ABC... Bei RTL war wegen falscher Sendezeit zu wenig Quote - die
letzten Folgen wurden zu Tele 5 verramscht (Staffel 2)... Es gibt viele, viele Infos bei
Wikipedia Jetzt freue ich mich zu meiner Twin Peaks-DVD-Box! Vorfreude... Übrigens: bei
meinen Büchern ist oft Miami Vice meine Nr 1, bei Twin Peaks hab ichs mal
dementsprechend vergessen... Na ja, ist eben Twin Peaks, lach ☺ (18.01.25) PS: Twin
Peaks -Der Film hat nichts mit der 3. Staffel zu tun - der Film war 1992.

Twin Peaks // Season 3 Intro (1080p HD)

YOUTUBE.COM

Twin Peaks // Season 3 Intro (1080p HD)

I noticed that the official Twin Peaks YouTube have a version of this with an annoying 'Sho

18. Januar um 17:42 ·

Noch obendrauf...

Twin Peaks // The Danish National Symphony Orchestra (Live)

YOUTUBE.COM

Twin Peaks // The Danish National Symphony Orchestra (Live)

#MurderAtTheSymphony #DNSO #FilmMusicLiveLaura Palmer's ThemeTwin Peaks
ThemeCom

KLEINE THE BEST OF-ALBEN C P 18. Jan. 2019 GFS

Auf den Punkt! Effizient!

Remasters (Led Zeppelin) / 2 CD / Produziert von Gittarist und Member Jimmy Page. Nach
dem traurigen Ende (John Bonham) war "Remasters" im Endeffekt das erste Best of. Gut
restauriert, gutes Booklet und natürlich DIE Songklassiker: Communication Breakdown,
Whole Lotta Love, Rock And Roll, Kashmir, No Quarter, Since i´ve Been Loving You, Black
Dog und natürlich DER SONG: Stairway To Heaven. Noch heute nach 1971 immer noch unter
den Top 3 der jeweiligen Hörer/Leser der besten Songs aller Zeiten...

1962-66 und 1967-70 (The Beatles) / je 2 CD / Nach dem offiziellen Ende 1970 wollte der
neue Manager eine Best of. Streitigkeiten, Geld, was weiß ich. Auf jeden Fall gab es das
berühmte rote und blaue Doppelalbum 1973! Mittlerweile gab es viele Best of-Facetten,
z.B. One (2000). DIESE Best of ist das Beste: nicht nur die Singles, sondern sehr gute
Albumsongs wie While My Guitar Gently Weeps, The Fool On The Hill, A Day In The Life,
Lucy In The Sky With Diamonds,... (aus dem blauen Album).

The Best Of The Doors / 2 CD / Ich hatte von einer fb-Freundin wegen ihrem verstorbenen
Mann CD-Sammlung geschenkt (und natürlich Tierheimhilfe von mir) mit viel Metal von
AC/DC bis Metallica. Bisschen unscheinbar lag da The Doors. Ich dachte noch, na ja, Light
My Fire und so, das war´s. Aaaaber: ein Juweil mit Jim Morrison! 2 CDs mit Doors-Klassiker:
Light My Fire, Roadhouse Blues, Riders On the Storm, Back Door Man, The End... Und
Mosquito ohne Jim ist auch dabei...

Ich hab effiziente CDs wie die Bee Gees (von den Balladen-60er bis Disco-70er bis
erhabener 90er Pop, 2 CD), Genesis (R-Kive, mit der Band und Solosongs! 3 CD), Sting, Jimi
Hendrix, desweiteren. Und viele Sampler-Boxen! Unter anderem ("nur" 2 CDs) # 1s 38 Of
The Greatest # 1 Singles Of All Time: da sind keine Auffüller sondern nur Welthits mit
Queen, Pink Floyd, John Lennon, Paul McCartney, Black Eyed Peas, Kylie Minogue...
Anspieltipp: Mad World (Tears For Fears).

18. Januar um 13:44 ·

Mit Deine Freunde geteilt

TV-MUSIK IN DEN 70ern, ODER: WELTMAINSTREAM 2020!

Hatte gerade Boney M mit "Sunny" gepostet. In den 1970ern gabs nur ARD und ZDF.
Allerdings viel Musik!! Auch Rockpop! Boney M oder Abba oder Sweet oder
Showaddywaddy hatten das Tingelang mit Musikladen (Manfred Sexauer!) oder Disco (Ilja
Richter!). Heute gaar nix! MTV ist auch nicht mehr das... Zauberwort heißt Streaming.... Ich
hatte 45 oder 60 Minuten mit 10 oder 15 Acts, von Harpo bis Bay City Rollers...
Zwischendrin - gerade bei Musikladen - gabs Honig: Meat Loaf! Motörhead! The Police!
Echte Rockmusik! In den 60ern gabs den Musikladen-Vorläufer: Beat Club! Da war richtig
Gegenkultur! Rock! Led Zeppelin, Jimi Hendrix, Rolling Stones... Regie jeweils immer Mike
Leckebusch und immer ARD!!! Heute Florian Silberscheißer mit Helene Fischer oder so,
aaaargh, wüürg, kotz!!!!! Auch ARD mit den Rockpalast-Nächten (ca 23:30 bis 6:00) - IN DER
ARD!!!!! Little Feat, Grateful Dead, The Who, BAP, Peter Gabriel, Rory Gallagher und und
und, KOMPLETTE KONZERTE!! 3 ACTS!!!! IN DER ARD!!!! Im ZDF Iljas Disco, dann Rockpop.
Nicht so viel wie die ARD, aber immerhin, mit Emerson Lake & Palmer, Sweet, Boney M...
Der "Rest" Schlager mit ZDF-Hitparade oder ZDF-Starparade inkl. Julio Iglesias oder Barry
Manilow und natürlich (ZDF-Hitparade) mit Bernd Clüver, Marianne Rosenberg (in den 70ern
war sie mein Schatz!!!!), Michael Holm, Juliane Werding etc etc... Überhaupt Schlager: in
den 70ern war in der deutschen Sprache 90 % mit Schlager, d.h. "Marleen" von meiner
Marianne ist internationale Discoproduktion - trotzdem eigentlich Schlager mit ZDF-
Hitparade... Viel mehr gute Arrangments. Aber heute nur noch Bum Bum Techno mit Helene,
Andrea, Beatrice... Wie gesagt: Scheißdreck!! Ich höre heute noch gerne 60er, 70er und
stellenweise 80er Schlager! Heute? DRECK!! Ich höre immer wieder gerne auf you tube von
den 70ern! Diese Publikumleute, wie sie tanzen, die Band ist mittendrin. Die Stars zum
Anfassen. Heute mal wieder Diva von Promi C... Ich hab vor Jahren viele Sticks gecheckt von
Musikladen, Beat Club, ZDF-Hitparade, Disco, Rockpalast - es ist ein Zeitdokument, um zu
erfassen, was 1971 oder 1975 oder 1982 ist, von der Mode, die Frisuren, die Tänze, diese
Menschen und natürlich auch die Stars. Heute ist ein anderer Planet in einem anderen
Universum... Auch international: Boney M war in den 70ern na ja... Man hat schließlich Led
Zeppelin oder Genesis oder Pink Floyd oder Deep Purple im Plattenschrank! Aber heute ist
boney M geil! Gute Arrangments und heute ist RMB/Dancefloor/Popschrott auch oft
Scheiße... Natürlich auch heute gute Ausnahmen: z.B. Good Old Days mit Macklemore &
Kesha. Aber seit den letzten Jahren ist nur noch STAATSMAINSTREAM / WELTMAINSTREAM
IN MUSIK / FILM / TV-SERIEN / BÜCHER.... IM KORSETT MIT POLITICAL CORRECTNESS...

Pink Floyd

12. Januar um 12:23 ·

Today marked the first of the handful of Pink Floyd shows, at the start of 1968, which had
Syd Barrett AND David Gilmour in the band. A photo session captured the short-lived line up,

and here's one of those shots:

Werbung 1970

Fix & Foxi!! Und Lupo!!

Omar Djaknoun

Admin

· 13. Januar um 19:26 ·

Vincent van Gogh

Le Blute-Fin Mill, 1886

Oil on Canvas, 55.2 × 38 cm.

Museum de Fundatie, Zwolle, Netherlands.

Dutch art curator Dirk Hannema bought "Le Blute-Fin Mill" in 1975 for 5,000 Dutch guilders (about $2800). Convinced the painting was an undiscovered Van Gogh, Hannema immediately insured it for 16 times more than what he paid. The experts, however, weren't convinced, and the presumed fake remained in Hannema's home until his death in 1984. Nearly a quarter of a century later, Hannema was vindicated when experts at the Van Gogh Museum authenticated the work as a genuine Van Gogh.

Gerd Stein hat 12 neue Fotos zu dem Album „Work... Buch... CDs...“ hinzugefügt.

17. Januar um 21:07 ·

PAUL McCARTNEY!! 12 Fotos mit seinen Zitaten aus dem neuen Classic Rock -Sonderheft! ER ist die ultimative Nr 1 der Rock - und Popmusik: Yesterday, And I Love Her, Michelle, When I'm 64, Let It Be, Revolution 9, Hey Jude, Oh Darling, Band On The Run, Jet, Hi-Hi-Hi, Silly Love Songs, Live And Let Die, Coming Up, desweiteren, desweiteren - The Beatles (bei den Fab Four-Songs "solo" ohne Lennon), Wings, Solo!

> # „Ich habe die Trennung nicht initiiert. John kam eines Tages ins Zimmer und sagte: ‚Ich verlasse die Beatles' … Für ein paar Monate mussten wir so tun, als ob."

McCartney spricht über den Split
der Beatles, in einem Interview
2021 für BBC Radio 4

„Ich denke,
bei Menschen,
die etwas
erschaffen
und schreiben,
fließt es
wirklich – es
fließt einfach
in ihren Kopf,
in ihre
Hand, und
sie schreiben
es auf.
Es ist ganz
einfach ..."
Paul McCartney

Classic Rock-Sonderheft (Nr 10) "Paul McCartney"

Marsupilami und Co! Zum Abbey Road-Albumcover! Geil! Für die Musiklegasteniker: Abbey Road war eine LP von einer unbekannten Band namens The Beatles (später war die sogenannte CD, heute macht Ihr ja nur Streaming...). Ach herje, Marsupilami kennt Ihr auch nicht... PS: nur für die U16-"Superstars"...

Siedler von Catan, Wahlplakate BTW, ich (17.01.25)

Gerd Stein hat 10 neue Fotos zu dem Album „Work... Buch... CDs...“ hinzugefügt.

17. Januar um 17:51 ·

Siedler von Catan (gewonnen! 10 Punkte! Weiß), Wahlplakate diesmal LD Ostbahnstraße (als Doku zur wichtigsten BTW all time).

Album Work... Buch... CDs...

Gerd Stein hat 2 neue Fotos hinzugefügt.

17. Januar um 17:44 ·

Die Siedler von Catan gewonnen! War zwar schonmal, da hatte ich das Spiel kaum kapiert.... Aber jetzt! Ich hab das Catan-Game verstanden! 10 Punkte gecheckt mit längste Straße,

Siedlung etc... PS: ich bin weiß.

ZUVERSICHT.
Volt
Reuther's

Meine CD-Sammlung

Es waren 30 Fotos, es wurden "nur" 20... Ich hoffe, es ist einigermaßen zusammen.... (Stand: 20.01.2025)

Tatsächlich kaufe ich zu CDs nur noch punktuell, z.B. zu Genesis (mir gehlt Seconds Out, A Trick of The Tail!!), oder U 2 (ich brauch die Joshua Tree!!), oder ganz neu wie BAP oder Oasis... Bis Dezember 2017 hatte ich viele Vinyl-Alben (MIT BAP oder Joshua tree...) und hatte es per CD später wieder eingesammelt (gerade bei Pink Floyd, da hatte ich NULL, jetzt wieder 8...).

Nun zum Schmökern über meine CD-Sammlung (mit Vorsicht nuur Auswahl...):

FISCHER-Z   RED SKIES OVER PARADISE   CDP 7 46683 2
INTERSCOPE   THE BEST OF 2PAC - PART 1: THUG
5050467-5164-2-7   JULIANE WERDING / STATIONEN - IHRE GRÖSSTEN ERFOLGE
DEAR DEAR
STEVIE WONDER - SONG REVIEW
A GREATEST HITS COLLECTION
MOTOWN   PEARL JAM   TEN
cream
RAINBOW   RISING
POLYDOR
RADIOHEAD   OK COMPUTER
U2   3 SINGLES
GUNS N' ROSES
2CD

PEARL JAM
POLYDOR
547 361-2
RADIOHEAD OK COMPUTER
RAINB
7567-90392-2
535 800-2
EVELYN KÜNNEKE · Sing Nachtigall sing
THE VERY BEST OF THE MOODY BLUES
STEREO
BARRIKADEN VON EDEN
WARLOCK TRIUMPH AND AGONY
JIMI HENDRIX · LIVE AT WOODSTOCK
88697 86552 2
112 383-2
COL-500000-2
EXPERIENCE HENDRIX · SPECIAL LIMITED EDITION CD 2
BRUCE SPRINGSTEEN THE RISING
U2 18 SINGLES
GED 24415 GEFD 24415 424 415-2
GED 24420 GEFD 24420 424 420-2
GUNS N' ROSES
GUNS N' ROSES
GUNS N' ROSES LIVE ERA '87-'93
Chrysalis
BLONDIE · PARALLEL LINES

EMINEM
SUPERMAX/WO
2292-42293-2
ALL OVER THE WORLD THE VERY BEST OF ELE
520129 2
Edith Piaf - The Album
CD MFP 6071
CDB 7 927612
0602498314524
533 980-2
MICHAEL JACKSON KING
the Legendary
EDITH PIAF
THE ALBUM
ABBA
ELVIS PRESLEY | BEST OF ARTIST OF THE CENTURY
FLEET FOXES
ØV + MUTE Life Before Insanity
SCORPIONS CRAZY WORLD
KROKUS / ROCK THE BLOC
Capricorn
TH
MFP
COLOUR COLLECTION
Dinah Washington
GARY NUMAN
Christina Lux · Mad about the boy
U GOT THE LOOK
She Works
BERT KAEMPFERT
SUPERTRAMP PARIS
Deep Purple Now What?!
ABBA
POLYDOR
DELTA

WARLOCK / TRIUMPH AND AGONY
BARRIKADEN VON ED
ÜNNEKE - Sing, Nachtigall, sing
THE VERY BEST OF THE MOODY BLUES
IRON BUTTERFLY · IN-A-GADDA-DA-VIDA
LIVE! LIVE! LIVE! / BRYAN ADAMS
live '74
JIMI HENDRIX
EXPERIENCE HENDRIX - SPECIAL LIMITED EDITION 2CD
JIMI HENDRIX · LIVE AT WOODSTOCK
THE RISING
09463 59641 2 4
Music from
A&M RE
DECC

ASIA
7567-92413-2
7567-92412-2 AC/DC
7567-91413-2
7567-92212-2
FRANK ZAPPA
Tanpool 2300
ool 23026 CD
P PURPLE
Deep Purple in Rock
DEEP PURPLE
Deep Purple Now What?!
THE HEAT OF THE MOMENT
Neil Young
FORK IN THE ROAD
AC/DC HIGH VOLTAGE
FOR THOSE ABOUT TO ROCK WE SALUTE YOU
AC/DC · THE RAZORS EDGE
AC/DC · LIVE
ZAPPA '88: THE LAST U.S. SHOW
BÖHSE ONKELZ · LIVE IN VIENNA
WIR WIE ZETKEN
SHADES OF DEEP PURPLE · REMASTER · 7243 4 98336 2 3
DEEP PURPLE · PERFECT STRANGERS
Deep Purple-Made in Japan
deep purple 30 · very best of
NG/HARVEST
MASSEY HALL 1971
REPRISE
CD 142.046
REPRISE
ATLANTIC
ATCO
ATCO
ATCO
ADD
7243 8 34019 2 2
POLYDOR
DAVID GILMOUR
GER WATERS
S+THEM

THE MONTREUX YEARS
Montreux Jazz   BMG   BMGCAT519CD
GORILLAZ - THE SINGLES COLLECTION 2001-2011
Sunshine On My Shoulders The Best Of John Denver   88697536592
KORN   Immortal
478080 2
Acid Blues Experience   PRD 7092 2
Sistermanns KL   ES 753002
mattafix   SIGNS OF A STRUGGLE   094631983405   Music from EMI
7567-93486 2   THE JOHN BUTLER TRIO
april a live album Elliott Murphy with Olivier Durand   BLU CD0113
MARK SELBY   NINE POUND HAMMER   PEC 2033-2
max mutzke
PRIEST LIVE!
The KLF
The White Room
THE CRANBERRIES
ORZ4ON
ACCEPT
STAYING ALIVE
QUEEN A NIGHT AT THE OPERA
THE BEST OF
Bloodhound Gang
GEFFEN
MAGNA CARTA
R2CD 42-56

BRUCE SPRINGSTEEN
Greetings From Ashbury Park
The Wild, The Innocent & The E-Street Shuffle
Born To Run
Darkness On The Edge Of Town
The River
Nebraska
Born In The USA
Live 1975 - 1985

VERSCHWOMMENE LICHTER

Mein 2. Teil, der rote Faden immer noch

Momentane Erkenntnisse, Fragezeichen

Ich baue über mein Leben

Neue Gewohnheiten, trotzdem Sicherheit

Ich wiederhole über meine Bücher

Miami Vice, Genesis, Shining, Erinnerungen

Twin Peaks, 1970er-KL, Pink Floyd

Lämmerschweigen, Kuckucksnest, Beatles

Annweiler, Landau, Betreuer:innen, Konzerte

Globetrotter-Tour 1986, History, Monnem

Ich wiederhole über meine Bücher....

Natürlich mit neuen Versionen

Natürlich mit neuen Kreativität

Natürlich mit neuen Fotos, Collagen

Vielleicht will ich meine Zeit einfangen

Nur wenige haben den Zeitgeist 1976, 1977

Nur wenige haben den Zeitgeist 1982, 1987

Nur wenige haben den Zeitgeist 1969, 2003

Vielleicht will ich meine Zeit einfangen....

Marina B, Guiseppa A, Dorothea P

Anne P, Marina A, Christine H

Meine Frauen schön, feel, love, life, fun

Unn moi Katzemäädsche Molly....

Ich baue über mein Leben

Endlich über die Schlucht springen

Ich hab meine Pläne und Ziele

Ich brauche weitere Entwicklungen

Entscheidungen, Fortschritte, Power

Aber ich will nicht mehr Risiko

Trotzdem Kampf Mut Wille Disziplin

Endlich über die Schlucht springen

Diese Schlucht hatte ich schon 2014/2015

Es war meine beste Entscheidung ever....

Ich mach mir selbst zu schwer

Ich hab meine positiven Energien, Lösungen

Also mehr Tätigkeiten, Abwechselungen

Neue Gewohnheiten!

Trotzdem Sicherheit?

Ich möchte Leben mit Gesundheit

Nie mehr Schlaganfall, nie mehr Epi

Meine Mantras, meine Gesundheit, Reinheit

Ich mach mir selbst zu schwer

Einfach mehr leben, lachen, Musik hören

Mehr Spaziergang/Fotosafari, diskutieren

Keine Angst mit positiver Zukunft

Trump, Weidel, Merz, Klimakrise, NWO

Keine Angst mit positiver Zukunft

Hauptsache für mein Leben leben

Mein 2. Teil mit Fading Lights

Verschwommene Lichter über my books

74 Bücher sind EIN Buch

Meine Stärke, meine Freiheit

Endlich über die Schlucht springen

Ich baue über mein Leben

Foto: der Autor

C P Gerd Steinkoenig Gerd Stein

16. Januar 2025

13 Bücher des Autors (aus 74 - ohne no-isbn-Books...), 10 CDs (aus ca 600 - den ich hab auch

zusätzlich viele Hefte-CDs...)! Maybe Best bei meinen Books? Gute 10 CDs! - aber very Best?

VERSCHWOMMENE LICHTER Teil 2

Hatte 3 fb-"Erinnerungen" von 2019

Ich war erstaunt über meine Worte

Dadurch dachte ich über mein Momentum

Hab ich Entwicklungen? Waren 2019-Worte besser?

Im Endeffekt ist es Blödsinn

So auf die Art: war Fritz Walter 1954 besser

als Beckenbauer 1974, Schweinsteiger 2014....

Es ging um meine Gedanken, Genesung, Forza

Wie ich 2019 so drauf war

Jetzt lebe ich im Jahr 2025

Hab ich Stillstand? Hab ich Zuversicht?

Ich hab hohe Ziele für mein gesundes Leben

2019 war ich in meiner Schlaganfall-Entwicklung

Jetzt geht es mir viel besser

2019 konnte ich wegen Epi nicht Zug fahren

2025 keine Zug-Phobie, ich kann Zug fahren

(Beispiel! Schon lange kann ich Zug fahren)

Damit Ihr versteht zwischen 2019 und 2024/2025

Verschwommene Lichter vom September 2017

Die Wochen vor dem Schlaganfall

Zu wenig Sauerstoff in meinen Adern zum Hirn

Es gab Winke mit diversen Erlebnissen

Aber ich hab es nicht geschnallt, erkannt

Am Frühmorgen nach der BTW 2017 bumm....

Bei diversen Bücher steht alles drin

Über die Station 42 (!), Alzey, Bad Bergzabern

Mein Video 1 Tag vor dem Schlaganfall

74 Bücher sind EIN Buch

Vielleicht will ich endlich DAS Buch haben

Damit DIE Best/Alles/zusammen ist

Vielleicht ist dies seit Monaten mein letztes Buch

Es ist unmöglich DAS Buch zu haben

Für mich ist es schön für meine Kreativität

Aber die Jagd zum letzten "Das"-Buch gibt's nicht

In 74 Büchern ist EIN roter Faden

Mein Leben, meine Erinnerungen, meine Gedanken

Meine Erfahrungen, mein Fave-Thema ZEIT

Meine Musik, mein Tagebuch, meine Geschichte

Meine Eltern, mein Großvater, meine Erlebnisse

Meine Kreativität, meine Gedanken-Spielwiese

Damit auch - mein Traum - 2259 noch lebe

durch meine Deutsche Nationalbibliothek

Oder eine Zeitkapsel mit meinen Büchern vergraben

Aber in 4 bis 5 Milliarden Jahren ist die Erde weg

Es sei denn Atomkriege, Klimakatastrophen

Andererseits: die Natur setzt sich durch

Menschen weg, die Natur freut sich....

Andererseits: die dritte Nr 1-Spezies....

Aber in 4 bis 5 Milliarden Jahren ist die Erde weg

Und ein neuer Planet wird geboren

Trotzdem: "meine" Deutsche Nationalbibliothek

Zeitkapsel.... Verschwommene Lichter....

Foto: der Autor

C P Gerd Steinkoenig Gerd Stein

17. Januar 2025 00:48h

BRUCE SPRINGSTEEN
Greetings From Ashbury Park
The Wild, The Innocent & The E-Street Shuffle
Born To Run
Darkness On The Edge Of Town
The River
Nebraska
Born In The USA
Live 1975 - 1985

Der erste Österreicher ᴀᴛan der Spitze der Billboard Charts ᴜs ist nicht Falco, sondern der Zitherspieler Anton Karas, 1950 findet sich seine Filmmusik zu "Der Dritte Mann"..... das Harry Lime Theme, 11 Wochen auf Platz 1.

#billboardcharts

#wien

#österreich

Aus

"Unnützes Musikwissen"

Von Hannes Tschürtz

Gerd Stein

16. Januar um 21:41 ·

Es gibt Melodien, wo man gleich weiß... Ein total geiler Film, ein total geiler Soundtrack!

Gerd Stein

16. Januar um 17:52 ·

Sehr interessant! Ich hab zwar Alben, aber vom Studioalbum her hab ich nur die IV!!
Ansonsten hab ich die Remasters, Mothership und das 3 CD-Livealbum How The West Was
Won! Dadurch waren einige überraschende Songs von da oder da... Die Untitled/Four
Symbols/IV ist auch weltweit die Led Zep- Nr 1!

LED ZEPPELIN BY THE NUMBERS
U.S. Album Sales

23 Million
Untitled (Led Zeppelin IV)
Released: November 8, 1971
Top Chart Position: #2
Key Tracks:
Stairway to Heaven
Black Dog
Rock and Roll
Going to California
The Battle of Evermore
Misty Mountain Hop

16 Million
Physical Graffiti
Released: Feb. 24, 1975
Top Chart Position: #1
Key Tracks: Kashmir, In My
Time of Dying, Ten Years
Gone, Trampled Under Foot

12 Million
Led Zeppelin II
Released: Oct. 22, 1969
Top Chart Position: #1
Key Tracks: Whole Lotta
Love, Ramble On,
Heartbreaker

11 Million
Houses of the Holy
Released: March 28, 1973
Top Chart Position: #1
Key Tracks: No Quarter,
The Rain Song, Over the
Hills and Far Away

8 Million
Led Zeppelin I
Released: Jan. 12, 1969
Top Chart Position: #10
Key Tracks: Dazed and
Confused, Good Times Bad
Times, You Shook Me

6 Million
In Through the Out Door
Released: Aug. 15, 1979
Top Chart Position: #1
Key Tracks: In the
Evening, All My Love, Fool
in the Rain

6 Million
Led Zeppelin III
Released: Oct. 5, 1970
Top Chart Position: #1
Key Tracks: Since I've
Been Loving You, Friends,
That's the Way

4 Million
The Song Remains the
Same (Live Album)
Released: Sept. 28, 1976
Top Chart Position: #2
Key Tracks: No Quarter,
The Song Remains the Same

3 Million
Presence
Released: March 31, 1976
Top Chart Position: #1
Key Tracks: Achilles Last
Stand, Nobody's Fault But
Mine, For Your Life

2024 wurden so viele Ufo-Sichtungen gemeldet wie noch nie.

Die Aliens wollen sicher live dabei sein, wenn wir es endlich schaffen, die Erde unbewohnbar zu machen.

heute
SHOW

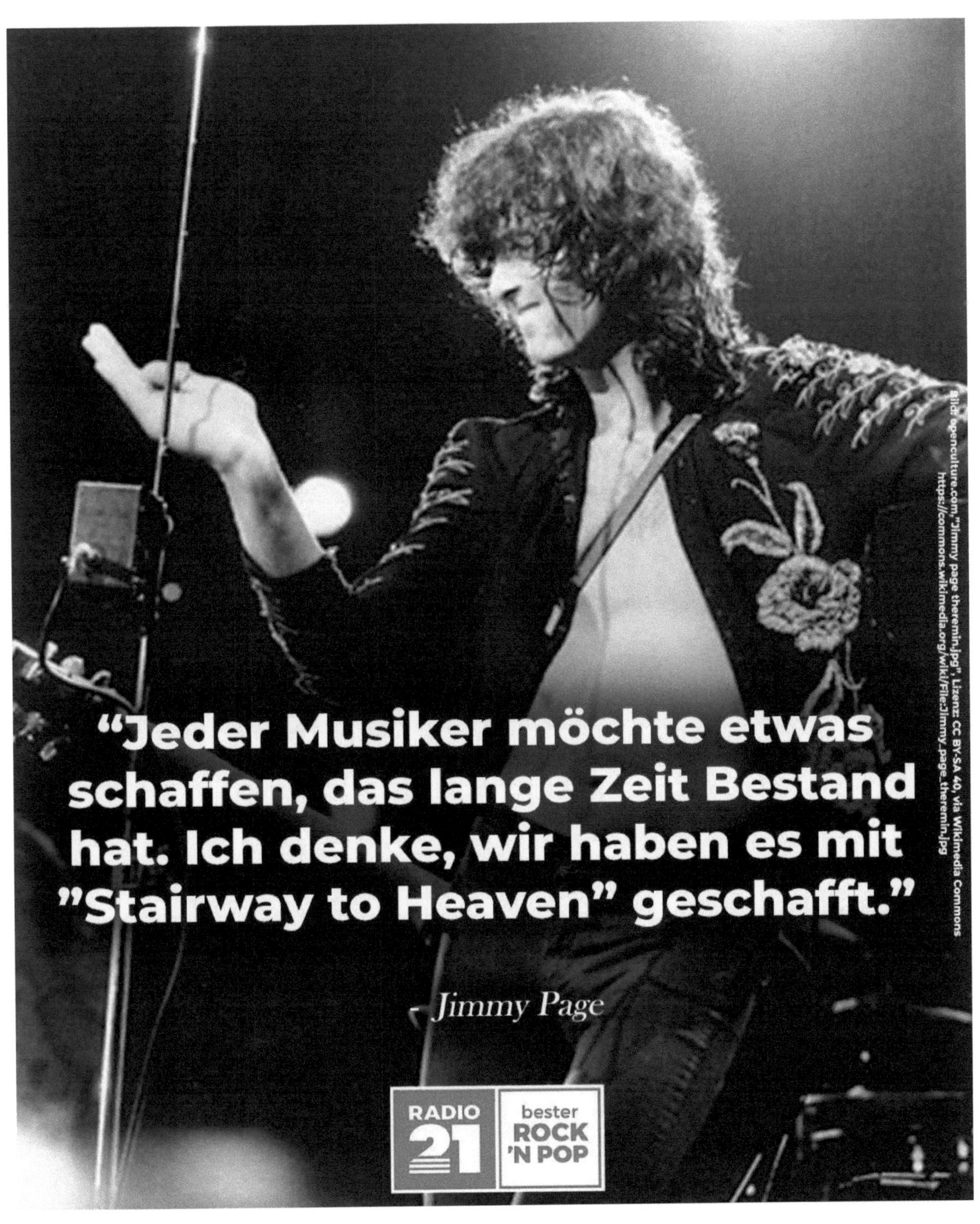
"Jeder Musiker möchte etwas schaffen, das lange Zeit Bestand hat. Ich denke, wir haben es mit "Stairway to Heaven" geschafft."
- Jimmy Page
RADIO 21
bester ROCK 'N POP
Bild: openculture.com, "Jimmy page theremin.jpg" Lizenz: CC BY-SA 40, via Wikimedia Commons
https://commons.wikimedia.org/wiki/File:Jimmy_page_theremin.jpg

Teil 1.... Hier ist Teil 2...

Margherite Saiko

Gestern um 09:27 ·

Ohne Worte

TRIFELS in 3 Foto-Versionen Januar 2025

Gerd Stein

15. Januar um 10:19 ·

Trump in der Wrestle Mania... Ist das die Zukunft der Welt durch den US-Präsi??

The Battle of the Billionaires takes place at WrestleMania 23

YOUTUBE.COM

The Battle of the Billionaires takes place at WrestleMania 23

The Battle of the Billionaires takes place at WrestleMania 23More WWE -
http://www.wwe.com/

14. Januar um 21:43 ·

Als DM jung war... 1983/1984... New Romantics, Popwave, ich in Monnem gewohnt / in Heidelberg ausgegangen, mit DM, Eurythmics, Gazebo, Spandau Ballet, The Catch, The Police etc, das waren geile Zeiten...

Depeche Mode - People Are People (Remastered)

YOUTUBE.COM

Depeche Mode - People Are People (Remastered)

Music video by Depeche Mode performing People Are People (Single Version) (2006 Digital

Rem

Gerd Stein

14. Januar um 21:31 ·

SynthiePop Nr 1 ever: DEPECHE MODE!!

Depeche Mode - Never Let Me Down Again (Tour of the Universe Live In Barcelona 2009)

YOUTUBE.COM

Depeche Mode - Never Let Me Down Again (Tour of the Universe Live In Barcelona 2009)

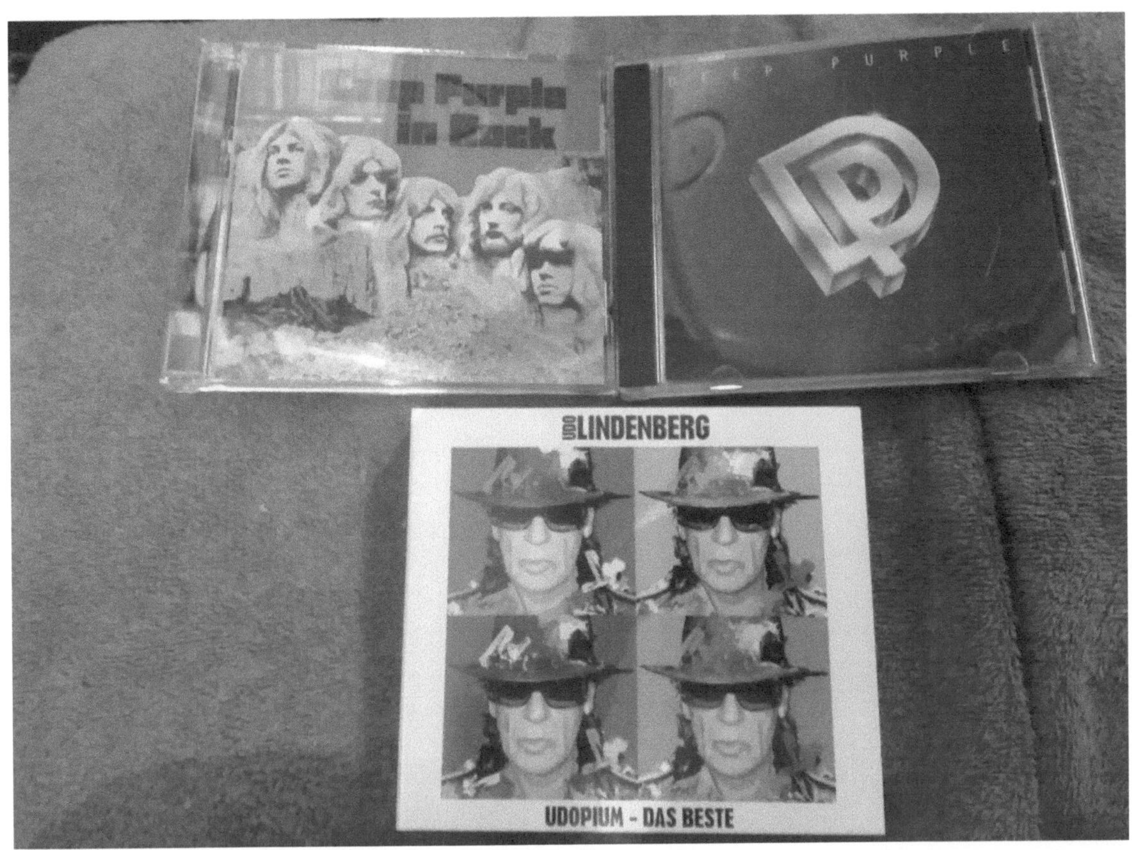

Gerd Stein hat 2 neue Fotos hinzugefügt.

14. Januar um 17:58 ·

Hatte gestern CD-Fotos und eine kleine Auflistung geschrieben - Stand 13.01.25... Heute ist Stand 14.01.25, lach: 3 neue geile CDs! Weitere Musik über Lindi und Purple (2 x) mit Bonustracks (Purple) und 4 neue Songs (Lindi).

LandauCDsAnnweilerBadbergzabern-Collage 14.01.2025 (6 Collagen)

Schulden:
Kinder haften
für ihre Eltern.
Volt

Schulden:
Kinder haften
für ihre Eltern.
YILDIZ
HÄRTEL

Landau (Pfalz) Hbf
ZUVERSICHT.
Zuverlässig. Stark.
Für die Südpfalz.
Thomas Gebhart
Volt
Mango

Beiträge

Fixierter Beitrag

Andere Beiträge

Facebook

Facebook

Facebook

Facebook

Facebook

Facebook

Facebook

Facebook

Facebook

Facebook

Facebook

Facebook

Facebook

Facebook

Facebook

Facebook

Facebook

Facebook

Facebook

Facebook

Facebook

Album Landau 14.01.25

Facebook

Facebook

Facebook

Facebook

Facebook

Facebook

Facebook

Facebook

Facebook

Facebook

Facebook

Gerd Stein hat 39 neue Fotos hinzugefügt.

14. Januar um 17:45 ·

Landau in der Pfalz 14.01.2025 Teil 1

13. Januar um 22:33 ·

Interessant! Beim Pluto wäre ich immer noch ein Säugling...

Science Page

Gerd Stein hat 27 neue Fotos hinzugefügt.

13. Januar um 16:46 ·

AM SCHLUSS VOM AUFSATZ HABT IHR EIN MUSIKALBEN-QUIZ! FÜR EUCH!

27 Fotos (Version 297...) über meine Sammlung! Man "vergisst" mal, weil "nur" eine CD zu einem Künstler da ist, und irgendwo mittendrin... Ich hatte wieder sortiert, das z.B. Edith Piaf, Guns N Roses, Nirvana zusammen ist, hatte Madonna sortiert und dann beim fotografieren bemerkt: oh, da ist ja noch eine - jetzt hab ich 3 Madonna-CDs, lach... Es gibt relativ Seltenes wie The Beau Brummels oder Charts-History wie die Les Humphries Singers, oder Hip Hop mit 2 Pac und Eminem oder Blues wie Muddy Waters oder Deutscher Schlager wie Marianne Rosenberg etc... Bei mir sind alle Genres, selbst wenn nur eine CD da ist. Und natürlich bräuchte ich noch gefühlte 1000 CDs!! Und meine Lieblinge sind auch dabei: Genesis, Pink Floyd, The Beatles, Led Zeppelin, Deep Purple, Kate Bush, Neil Young, Jethro

Tull, Marillion, Udo Lindenberg und und... Lieblinge sind leider nicht da (z.B. BAP, Nena, Manfred Manns Earthband...) oder nur eine CD (z.B The Police , Queen, U 2...). Aus der Hintertür sind meine vielen Sampler, wo doch noch für 1 oder 2 oder 3 Songs für eine Band da sind (z.B. British Rock, The Best of NDW, Simply Seventies, 75 Super-Oldies, All Blues etc etc). Weitere CDs mit Can, Linda Ronstadt, Frank Sinatra, James Last, Pearl Jam, Abba, Rolling Stones, Donna Summer, E.L.O., Mike Oldfield, Stevie Wonder, Ton Steine Scherben, Nina Hagen Band, Yvonne Catterfeld, Gazebo, David Bowie, Cream, Doors, Jimi Hendrix, Miles Davis, Sweet, Slade, 4 Non Blondes, Sex Pistols, Kinks, The Who, Rainbow, Amy Winehouse, Toto, R.E.M. Bruce Springsteen, ZZ Top, AC/DC, Frank Zappa, Iron Maiden, Warlock, Scorpions, Helloween, Boston, Alan Parsons Projekt, Fleet Foxes, Elvis Presley, The Fugees, Bee Gees, Accept, Moody Blues, Iron Butterfly, Pink, Peter Gabriel, Dire Straits, Yes, Pavlov's Dog, Roger Waters, David Gilmour, Mark Knopfler, Tina Turner, Quicksilver Messenger Service, Eurythmics und viele mehr! Die Schreibe? Version 376...

Stand: 13. Januar 2025

PS: plus Aerosmith, Earth Wind & Fire, Juliane Werding, Portishead, Metallica, Simon & Garfunkel, America, Credence Clearwater Revvival, Pet Shop Boys, Duke Ellington, Ella Fitzgerald, The Dubliners, Tony Christie, Middle of the Road, Pointer Sisters, Michael Jackson, Prince, Benny Goodman, Coldplay, Radiohead, Sting, Bert Kaempfert, Supertramp, Supermax, Ich & Ich, Hawkwind, Böhse Onkelz, Sade, Steve Hackett, Glenn Miller, Porcupine Tree, Krokus, Patsy Cline, The Rat Pack, Santana, Fleetwood Mac, John Denver, Jean Michel Jarre, Adele, Dire Straits, Alexandra, Blondie, Eagles und und.... Weitere Sampler wie Maximum Rock, Lounge It, Motown Classics, Country, Disco, Isle of MTV, Kuschelrock, 50 Jahre Rock, Blues Classics und und...

Stand: 13. Januar 2025

QUIZ für Euch! Mit diesen CD-Titel könnt Ihr die Namen Antworten- steht alles da mit diesen Namen...

Also: Rumours, Wind and Wuthering, Ummagumma, Made in Japan, The Concerts in China, Misplaced Childhood, Revolver, Ball Pompös, Lieder der Nacht, High Voltage, Automatic For The People, Hounds Of Love, Harvest, Aqualung, How The West Was Won, Sticky Fingers, Nevermind, Thriller, Love Over Gold, A Rush Of Blood To The Head, The Number Of The Beast, ...and then there were three, The Dark Side Of The Moon, World Of Today, The Rising, Stars Die/The Dellerium Years 1991-1997, Hotel California! Wie heißen die Bands und Interpreten?!?

C P Gerd Steinkoenig Gerd Stein 13.01.2025

VEIT LINDAU

Die wahre Schlacht unserer Zeit
ist die um unser Bewusstsein.
Soziale Medien, Zeitungen, Regierungen,
alle wollen deine Aufmerksamkeit.
Meist nicht, weil sie an deinem Glück
interessiert sind. Es ist deine heilige Pflicht,
deinen Geist jeden Tag wie einen Tempel
zu hüten. Die Welt kann dich nur achten,
wenn du es selbst tust.

DIE STERNSINGER SIND WIEDER UNTERWEGS.
OH LORD, WON'T YOU BUY ME A MERCEDES BENZ?
TOTaberLUSTIG.DE

Total geil! Tot aber Lustig ist immer top!

CHRONOLOGIE ÜBER MEINE BÜCHER: MUSIK, LEBENSPHILOSOPHIE, KLINIKPOWER, FREIHEIT!

Es war eine Wette 2016 in der Betreuer/Pflege-Schule. Es ging um einen Kasten Bier - natürlich nie mehr... Ich trinke seit über 2 Jahren kein Alkohol mehr (und kein Rauch)!

Ich hatte Motivation! Hatte sowieso diverse Schreibereien, z.B. Media-Mappen (z.B. Jahrhundertmappe 1999/2000), Tagebuch 1973 (!), Veröffentlichung Prosa ZEIT im Wochenblatt KL 2012, oder "Prototyp Buch" von 2014.

2017 kreirte ich mein 1. ISBN-Buch BLOOD ON THE ROOFTOPS (104 Seiten, DIN-A 4). Wurde zu überladen... Ich dachte für EIN Buch. Zu wenig Auflage, ich dann halt, ach komm, dann noch mehr... Bei dem 1. Buch ist relativ alles dabei mit Namen, Musik, TV-Serien, Filme, Leben, Prosaen (z.B. Samstage, Idylle, Zeit etc).

In den 7 2017er Bücher waren u.a. Songlisten, Albenlisten, Songlinks, Prosaen, Story Of Rock, Songtexte (z.B. Hotel California mit Textanalyse), Jahre aus dem Leben mit Jahrescharts (z.B. 1973, 1977, 1982, 1998, 2016 etc.), besten und erfolgreichsten Alben, TV-Serien-Beschreibungen (von "Der Kommissar" bis "Miami Vice"), Mariuhana-Bam von Hans Söllner (Text), Music Was My First Love (Fotobuch mit meinen Vinylalben, CDs, Hefte, Bücher...), Politik/Gesellschaft/Propaganda, aus meiner Schule, Vater, Molly-Katze etc etc etc...

Sein letztes Album "Blackstar" erschien 2 Tage vor seinem Tod - und wenn man Videos und Texte sich reinzieht, selbst seinen Tod hat er zelebriert (der Autor in Blood On The Rooftops über David Bowie).

Bei den letzten 2 Büchern (Liebe ist alles - Eine Magical Mystery Tour, und das Fotobuch) war womöglich Sauerstoffmangel wegen meinem "Vor-Schlaganfall". Im September 2017 letzte Veröffentlichung und Schlaganfall... Bei der Diagnose heißt es tatsächlich u.a. Mediainfarkt...

Dann als Autor hatte ich mein Schlaganfall-Trauma mit Theraphie-Bücher! Ich hatte 3 oder 4 Tage rumgelegen, geschlafen, "naturstoned" und hab lächelnd über den blauen Himmel geguckt. Das war mein Dilemma, Gehirnblutung etc! zu viel allein rumgelegen. Ich konnte einfach nichts machen! Nur Molly hat einfach gewacht und hat mit mir geschlafen...

Da waren nun meine "no-isbn-Bücher", als Erstes DAS EICHHÖRNCHEN AUS DER DIMENSION. Es war mein dokumentarisches Momentum von Dezember 2017 bis April 2018. Mitten im Buch nochmal Klinik: wegen Epilepsie! Gott sei Dank (toi toi toi!!) bisher erst zweimal. War viel Lebensphilosophie, Melancholie - eigentlich buchmäßig heute noch... Meine beste Prosa ever ist LEBENSSONNE im Eichhörnchen-Buch!! Desweiteren z.B. "The Best" aus meinen 2017er Büchern und einige Statements und "Rust Never Sleeps": mit 30 Lebensalben aus meiner Klinikzeit aus Alzey - ich hatte schon in Alzey sofort geschrieben (Zettel, Gedanken), gelesen (10 Seiten "Der Spiegel" hintereinander!), Hände gut jongliert mit Essen, Mehrere-Gleichzeitig-Aufmerksamkeit, Logo (freiwillig Hausaufgaben), Ergo(oft Schach!) etc etc.

Und 2019 meine 6 nächsten ISBN-Bücher: roter Faden DANACH (3 Buch-Teile). Da war tätsächlich "Danach" und Fragmente aus meinen Klinik-Zettelchen:

Sie läuft barfuß federnd über den Wald

Don´t Look Back

Nie mehr Sommerabend

Nie mehr freunde

Nie mehr Spaß

Die Insel fl?ht erbarmungslose

Das war im Oktober 2017, nur wenige Tage, voll den Blues! Aber ich hatte den Weg, Plan, Ziel und FREIHEIT! Gerade in der Knastinsel (im nachhinein super, aber damals...) ging es pur um die Freiheit. Das ist in meinem Charakter!!

In den 2019er Büchern hatte ich wie immer meinen roten Faden, die Musik ist aber weniger! Mehr Zeitphilosophie! Und erstmals in den ISBN-Büchern Fotos (z.B. Annweiler).

Kampf, Mut, Wille, Disziplin! Dies war bei seinem 1. Todestag die Zeilen - einfach über die Hand, invisible touch zum schreiben für mich... Das ist MEIN Credo! Gelassenheit, Demut, safety first Gesundheit und natürlich: FREIHEIT! Ich bin schließlich Weltbürger!

Die Geschichte meiner Bücher Januar 2017 bis Januar 2019... (my first 59 years)

Zuerst das 1. Buch! Stolz das erste Buch gelesen... Meine Buchstaben.. Tatsächlich.... Im Endeffekt ist alles drin - aber überladen... Dann wollte ich noch mehr:

Die 7 ISBN-Nationalbibliothek Leipzig/Frankfurt 2017:

Blood On The Rooftops - Notizen über Musik und mehr

Blood On The Rooftops Teil 2 - Weitere Notizen über Musik und mehr

Blood On The Rooftops Teil 3 - Noch mehr Infos über Musik

Gerds Blood - Werbeschrift zu Blood On The Rooftops Pt 1 - 3

Über Musik und die Welt

Liebe ist alles - Eine Magical Mystery Tour

Music Was My First Love - Fotos zu den 6 Büchern die EIN Buch sind

Ca 1 - 2 Monate Schlaganfall... Mediainfarkt... MEDIA.... 7 Bücher in einem 3/4 Jahr... So viel wie möglich meine Erinnerungen, Erlebnisse, Lieblingsalben, Favoritensongs, Listen, Prosaen (Idylle, Samstage, ZEIT...), Lieblingsserien, Favoritenfilme... Durch Nationalbibliothek wollte ich verewigt werden: MEIN The Dark Side Of The Moon, MEIN Mad Man Moon-Aufsatz (Genesis), MEIN Schritt über die Schlucht (neues Leben von K-Town nach Annweiler), MEIN Das Schweigen der Lämmer, MEINE Archivfotos über Musik und und und... Querverweise, z.B. Time (Pink Floyd) wegen Englischaushilfslehrer, wegen Frau M.B., wegen Frau A.P., desweiteren... The Beatles natürlich wegen Vater ("Weißes Album"), Genesis wegen Herr R.R., Herr M.K., Frau A.P.. Oder der Song "Heartbreaker" (Grand Funk) wegen Frau D.P.... Und Frau M.E. ist auch dabei: z.B. in "Liebe ist alles". Zeit ist relativ: z.B. Titelfoto-Collage von meinen Vinylalben in "Gerds Blood" - Aderlass... Nur ca 60 Alben.... Über 500 Vinylalben weggeworfen...

Nach dem Schlaganfall Schreibversuche... D.h. natürlich schreiben! In den Kliniken von Anfang an geschrieben! Aber als Buch? "Das Eichhörnchen aus der Dimension" hat gute Ansätze wegen AlzeyKlinik-Tagebuchfragment, und dann noch meine Lieblingsprosa "Lebenssonne", aber Chaos!! Desweiteren kurze Bücher gekritzelt. Dann RUST NEVER SLEEPS - sollte eigentlich mein ISBN-Buch sein. Wäre gut gewesen für Nationalbibliothek... In diesem Buch sind meine 30 Lebensalben gedacht aus der Alzey-Klinik!!

Hier die NO ISBN-Bücher ("Tagebuch 2018" sozusagen). Dezember 2017 CD-ROMs wie "Buch 8" und im Januar 2019 "Eine seltsame Geschichte"...

Das Eichhörnchen aus der Dimension - 25.9.17 bis 6.3.18

Zeitlose Sonne in der Stadt - Eichhörnchen Teil 2

Das 12. und allerletzte Buch... - Eichhörnchen Teil 3

Das Fenster, die Tür, die Liebe - inkl. 12 Alben, 16 Fotos

The Best of... - Per Anhalter durch meine Bücher

Zeitfacetten mit Hirnreisen - Suche nach dem Leben Teil 1

Zeitfacetten mit Hirnreisen Teil 2

Wie bei "Blood On The Rooftops" und "Liebe ist alles" war "Das Eichhörnchen aus der Dimension" und "Zeitfacetten mit Hirnreisen Teil 1" mit vielen Seiten.

Inkl. Fotos (Landschaften, Musik), mein Vater (er hat nie mein 1. Buch gesehen, war Überraschung, aber dann bei seinem Urlaub... Titelfoto in"The Best of.."), und "Eine seltsame Geschichte" wäre doch super als Buch (muss ich abchecken, das letzte Mal!!).

Weitere Erinnerungen sind sinnlos... Die Lieblinge von Led Zeppelin bis Nastassja Kinski sind bei mir eingenistet. Warum Buch? Es ist vorbei! (WIEDER) NEUES LEBEN, NEUE TÜR!

Gerd Steinkoenig Gerd F Steinkoenig Bilder, Weisheiten, Sprüche by Gerd Steinkoenig

12. Januar 2019

PS: "Mein Leben-Karton" mit allen Büchern, CD-ROMs, SD-Card mit meinen 5 TV-Musikshow-Episoden "SMOKE - das Musikcafe" und 2 Vinyl-LPs (and then there were three/Genesis, X/Chicago - einfach weil...). Da ist also mein Leben, die ersten 59 Jahre... Von "Daktari" in den 60ern bis "Babylon Berlin" 2018/2019, lach...

DIE NWO IST SCHON DA!!

Jeden Tag (echt jeden Tag!!) hab ich bei diversen Kommentaren rechte Ansichten! Obwohl es "nur" um Musik, History, Oldies, Comedy etc geht. Egal ob #facebook #tiktok #instagram... Mittlerweile bin ich bei den social Networks nur noch dabei wegen meinen tollen Freund:innen, Folger:innen und #quizplanet! Es ist total normal in der Mitte der Gesellschaft über das rechte Gedankengut. Zugegeben: Wir brauchen tatsächlich ein neues Deutschland ohne Clan-Migranten, ohne Bürokratie etc. Aber bei den Deutschen Rechten hätte man gleich die totale Remigration (die meinen ALLE, wie normale, integrierte Steuerzahler:innen). Und in der Macht ist gleich wieder Weltherrschaft! Ich trau mich, das zu posten, schon immer, denn wir haben immer noch die freie Meinungsäußerung. Und garantiert ist wieder kein Like. Aus Angst? Vor 2015 konnte man bei facebook alles schreiben. Da hatten "wir" eine normale, politische Diskussion. Kann man jetzt vergessen! 20. Januar... 23. Februar... Bin gespannt... Ob ich dann noch meine Meinung sagen darf?!

"Der Traum ist aus" (Ton Steine Scherben/ Rio Reiser)

Gerd Steinkoenig Gerd Stein 12. Januar 2025

MEINE NEVERENDLING STORY ÜBER TABLET, PC, PASSWORD... DIESMAL:

So langsam kotze ich mit den verfickten Sicherheitsgründen!! Neue Hintertür mit 2 neuen e-mail-Accounts, es ging gut, dann doch nicht wegen den verifizieren, es ging einfach nicht, vielleicht hab ich ja Hundepfoten! Dann DAS Ding! Beim neuen DB -App konnte ich tatsächlich das Deutschland-Ticket erobern!! Nach über einem Jahr wegen DB-Pennerei! Jetzt doch, yeah - dann wieder Sicherheitsdiktatur: Foto-Selfie gemacht, ging nicht... Personalausweis-Foto ging nicht (nach ca ZEHN Fotos...) Ging nicht... Nach ca 2 (!) Stunden KEIN e-mail Account, KEIN DB-Scheiß... Aber immerhin,, ich könnte Beides endlich machen mit e-mail & DB! Brauche aber am DI bzw FR "Datensicherheitsfinger" bzw das die Kumpels zu mir fotografieren... Mittlerweile ist es so pervers mit der Sicherheit - natürlich wegen den kriminellen Idioten und ich hab jetzt diesen Scheiß! Jetzt runterkommen, chillen, Wilsberg endlich gucken, oohmmm!!

ZUVERSICHT.
PARKSCHEIN
AUTOMAT
Hier Parkschein
lösen

Heute bräuchten wir noch die Worte, die Songs von Rio! Außer die gewisse Andersdenkende...

Peter

Und sang 1988 in Ostberlin vor insgesamt 12000 Leuten in der ausverkauften Seelenbinder-Halle "Dieses Land ist es nicht!" Den Kulturfunktionären hatte er vorher "glaubhaft erklärt", es ginge im Lied ja um Westdeutschland. Das Publikum sang lautstark mit...

1 Wo.

Antworten

Teilen

Klaus

Rio- du fehlst,- gerade jetzt.

Gerd Stein

9. Januar um 11:57 ·

Der Traum ist aus = immer noch total aktuell! Heute = Geschichtsverfälschung,
Schwarmdummheit, Meinungsdiktatur! (09.01.25)

Rio Reiser - Der Traum ist aus

YOUTUBE.COM

Rio Reiser - Der Traum ist aus

"Gewalt ohne mich" Aktion für Toleranz - gegen Fremdenhass. Konzert vom 30.10.1992 ,
Berlin W

That's All, Folks! Teil 1 und 2 von
verschwimmenen Lichtern ist nun vorbei!

In 74 ISBN-Books ist im Endeffekt alles dabei!
Für die Leser ist es schwierig, meine roten
Fäden zusammenzusetzen. Durch meine
kreatibe Entwicklungen, Fortschritte (durch den

Schlaganfall 2017, war ich 2019 eben anders drauf, wie 2020, 2022, 2024 oder jetzt)! Die ersten 7 Bücher "davor" bin ich natürlich anders drauf... Ich hoffe, Ihr könnt mich verfolgen mit diesen 74 Büchern.

Für Euch sind diese 2 "Verschwimmene Lichter"-Bücher eine Zusammenfassung über mein Leben mit "Davor & Danach", meine Eltern, meine Musik, meine Fotografien, mein Lieblingsthema "Zeit" etc!

Ich liebe Euch, denn Ihr lest es gerade...

C Gerd Steinkoenig, 20. Januar 2025

Wie bei Teil 1... Doch nochmal... Warum? Gestern mein Stick vergessen zu meiner "PDF-Stadt"... Und es sollte so sein!! Durch die fb-Erinnerungen z.B. mit meinen Momentums Januar 2018 - im 2. Monat nach meinen Schlaganfall-Kliniken...

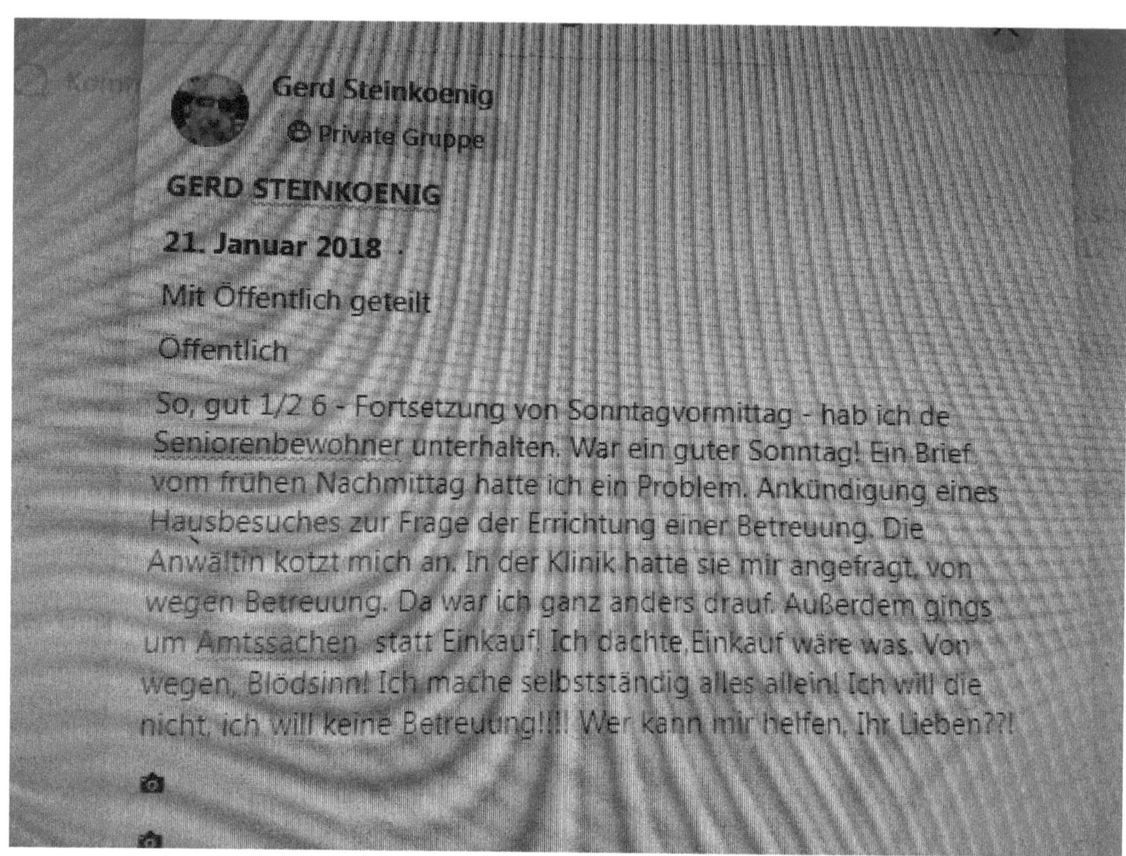

Natürlich wieder technische Eskapade... Hoffentlich könnt Ihr es lesen! Stichpunkte dazu: Ankündigung eines Hausbesuchs, Sonntagvormittag damals traditionell in die katholische Bücherei (ca 11h), mal wieder Seniorenheim als "Ehrenamtlicher" zu meinem alten Kumpel R.H. (und weitere Heimbewohner:innen), ich will keine Betreuung! Nachfolgend waren tatsächlich mehrere Likes und Kommentare (mit Tipps). Und ich schrieb noch hintendran: Ich will meine FREIHEIT! Damit Ihr dieses Momentum wie ich im Januar 2018 drauf war (der 2. Monat nach meinen Schlaganfall-Kliniken, natürlich damals "naturstoned", "neben der Kappe").

14 Std. ·

Mit Deine Freunde geteilt

MENSCHENFRAUEN! EINE HOMMAGE!

C P Gerd Steinkoenig 21.01.23

Menschenfrauen sind das interessanteste Lebewesen

Die Magie der Menschenfrauen auf der Erde macht

WOW

Frauen sind Ehefrauen

Frauen sind Freundinnen

Frauen sind platonische Freunde

Frauen sind Mütter

Frauen sind Kinder

Frauen sind Schwestern

Frauen sind Königinnen und Prinzessinnen

WOW

Frauen sind sehr flexibel was sie wollen

Flexibel aus Überleben oder Leben

Mütter sind fürsorglich und beschützend

Mütter sind daher nervend und übervorsichtig

Die Kinder sind wegweisend im Leben durch die Mütter

Kinder sind neugierig und lachen und spielen

Kinder sind die Wegweiser mit den eigenen Erwachsenen

Kinder sind grausam wie 20 Jahre später als Erwachsene

Frauen machen alles um zu überleben

Für die Kinder machen sie alles

Für die Männer sind Frauen oft berechnend aus Instinkt

Um zu Überleben

Frauen sind Rechtsanwältin, Ärztin, Lehrerin, Firmenchefin

Frauen sind aus Liebe zu den Kindern Prostituierte, Bettlerin

WOW

Ich liebe Frauen, weil Frauen besser sind wie Männer

Männer sind immer noch oft Machos - aus Instinkt?

Daher haben Männer Kriege, Kämpfe, Macht, Egoismus

Frauen haben auch Macht, aber viel mehr Liebe, Charme, Fürsorge

Frauen sind aber auch Vamp, Diamonds are the best friends, Gier

Es gibt keine Unterschiede mehr, 2023 ist Frau und Mann eins

WOW

Aber Frau und Mann haben ihre Menscheninstinkte und Lebensziele

Frauen sind in der Ernährungskette auf Nr 1 - die Männer haben die 2

Weil Frauen wissen, das sie Frauen sind

Wegen Frauen gab es Kriege wegen der Männer

Wegen dem Paradies zwischen den Frauenbeinen

Weil Frauen so wunderschön sind

Weil Frauen so verführerisch sind

Weil Frauen so wundergeil sind

Weil Frauen so rasante Körperkurven haben

Mütter, Schwestern, Freundinnen, Ehefrauen, FRAUEN!!

Ist Gott eine Frau?!?

WOW

Meine Lieblingssängerin seit 1978 (Foto von 1978), aus "Space Rocks")

Gerd Steinkoenig

21. Januar 2022 ·

Mit Öffentlich geteilt

Jetzt bin ich auch infiziert in die Corona-Diktatur!! Wollte Blutdruck checken! Mein Gerät
kaputt! Hausarzt heute nicht da! Apotheke: geht nicht wegen Covid19! Klinik: geht nicht
wegen Covid19 - war ein Türsteher und ich dachte, ich bin anscheinend ein
Schwerverbrecher! Dann kack ich eben ab... Hauptsache Corona-Diktatur...

War im Januar 2016! Aus den fb-Notizen!

Das Ende der Menschheit ist schon da...

... wir merken es nur noch nicht. 6mal in der Geschichte der Erde, fand ein rapides
Artensterben statt bis zu 98 %. Geläufig ist das Aussterben der Saurier. Momentan sterben
so viele Arten aus, wie noch nie seit den Sauriern. Seit 1970 sind 52% (!!) aller Arten
ausgestorben, viele sind vom Aussterben bedroht. Der Klimawandel ist nur ein Mosaikstein.
Das Große, Ganze ist die Natur mit ihrer aussterbenden ''Vielfalt. Man stelle sich die Natur
als ein großes Netz vor, wenn Fäden gezogen werden, passiert noch nichts (obwohl: kommt
auf den Faden an...), wenn es zu durchlässig wird, dann fällt das Netz auseinander (in diesem
Fall: das Ökosystem). Alles hängt miteinander zusammen. Wie das aber in der Biologie so ist,
vieles merkt man erst nach langer Zeit. Dann ist es zu spät. Es müsste ein großes Wunder
geschehen - langfristiges statt kurzfristiges Denken, Abschied von fossiler Energie usw - um
noch die Kurve zu kriegen. Wie ich die Menschheit kenne, in ihrer grenzenlosen Gier nach
Geld, Wohlstand, in ihrer dummen Oberflächlichkeit, glaub ich nicht dran. Also, Goodbye
Homo Sabiens! Die Natur bastelt schon lange an einem NachfolgerModell...

"Der Führer" ist da! hatte gestern die Wikipedia gelesen (gefühlte 1000 Seiten!). Trump ist ein Narzist, Faschist, American First, ER ist auserwählt (sagte sein Vater) etc etc... Wird die Demokratie der USA ausgehebelt? Werden die Tech-Milliardäre (Musk, Nezos, Zuckerberg...) die Oligarchen Made in USA? Und die Europäer äffen womöglich nach: Weidel, Orban, Meloni, Le Pen... ZEITENWENDE?!

Quelle, Foto: Die Rheinpfalz

Wohnzimmer im "Institut", 21.01.25

21. Januar 2018, Sonntag Morgen, siehe dazugehörige Post...

vor 7 Jahren

Gerd Steinkoenig ist in Annweiler am Trifels.

21. Januar 2018 ·

Mit Öffentlich geteilt

1/2 10, Sonntagmorgen, kurz vor dem Frühstück, hatte doch den Schnee gesehen. so ist das
in Annweiler ☺ Sonne, blauer Himmel und Schnee in Bergspitzen. Eine schöne, rothaarige
Frau mit Hunden durfte mit mir unterhalten - weil doch der Schneeberge.... Dann Frühstück,
bisschen Welt am Sonntag, dann natürlich endlich Sonne, Fotosafari durchs Dorfpanorama,
dann schmökern bei der Kath. Bücherei (immer sonntags von 11 - 12). Dann Eclipsed
gelesen, facebook guten Freunden kennengenernt, danach duschen und danach
Seniorenheim besuchen. Was man doch alles mit Ablenkung macht, lach.... Aber im Ernst:
früher hätte ich diesen geilen Morgen nicht gehabt: Bierchen oder so und dann bis 12 oder
so im Bettchen. Ist doch super: kein Alkohol, kein Rauch und den Sonntagmorgen genießen
☺

Wenn jeder 8 jährige in der Welt
beigebracht bekommt zu meditieren,
beseitigen wir Gewalt auf der Erde
innerhalb einer Generation.
- Dalai Lama -

Vor 11 Jahren! 2014!

Die Schule sollte kindergeeignet gemacht werden – und nicht die Kinder schulgeeignet.
(Alexander Sutherland Neill)
steffen|kirchner

© 2024 Gerd Steinkoenig
Verlag: BoD · Books on Demand GmbH, In de Tarpen 42,
22848 Norderstedt, bod@bod.de
Druck: Libri Plureos GmbH, Friedensallee 273,
22763 Hamburg
ISBN: 978-3-7693-5232-0